Les mémoires d'une sorcière

collection **Pour lire**

sous la direction de
Yvon Brochu

R-D création enr.

DE LA MÊME AUTEURE

Chez Héritage

Les sandales d'Ali Boulouf, 1988

Moulik et le voilier des sables, 1989

Le pion magique, 1990

J'ai peur d'avoir peur, 1991

Les mémoires d'une sorcière

Susanne Julien

Illustrations
Hélène Desputeaux

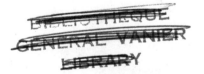

Héritage
jeunesse

EH

Données de catalogage avant publication (Canada)

Julien, Susanne

Les mémoires d'une sorcière

Ed. rev. -

(Pour lire)
Pour les jeunes.

ISBN: 2-7625-7031-X

I. Desputeaux, Hélène. II. Titre. III. Collection.

PS8569.U477M44 1994   jC843'.54   C93-097351-8
PS9569.U477M44 1994
PZ23.J84Mé 1994

Conception graphique de la couverture : Flexidée
Illustrations couverture et intérieures : Hélène Desputeaux

Édition originale : © Les éditions Héritage inc. 1987
Réédition : © Les éditions Héritage inc. 1994
Tous droits réservés

Dépôts légaux : 4e trimestre 1994
Bibliothèque nationale du Québec
Bibliothèque nationale du Canada

ISBN : 2-7625-7031-X   Imprimé au Canada

LES ÉDITIONS HÉRITAGE INC.
300, Arran, Saint-Lambert (Québec) J4R 1K5
(514) 875-0327

CHAPITRE 1

La naissance
d'une sorcière

Cette nuit-là, il pleuvait. Il pleuvait très, très fort. On aurait dit que de méchants petits elfes s'amusaient à lancer des cailloux sur les toits des maisons. Le bruit assourdissant de la pluie avait fait fuir tous les êtres vivants, hommes ou bêtes, au fond de leur demeure.

De loin, on pouvait entendre le tonnerre et apercevoir les lueurs des éclairs. L'orage se rapprochait. Quel beau temps il faisait cette nuit-là. C'était vraiment un temps idéal pour l'arrivée d'une nouvelle petite sorcière.

— C'est de bon augure, déclara ma grand-tante, la méchante fée Esméralda.

Elle était ravie de pouvoir assister à ma naissance. Mon père, l'enchanteur Malin, récitait des incantations pour qu'en naissant je possède toutes les qualités d'une sorcière : méchante, laide et égoïste. Ma mère, la fée Malice, avait surtout hâte que ce soit fini.

J'accomplis alors ma première mauvaise action : faire attendre ma mère, mon père et ma grand-tante toute la nuit. Au moment où, lassés d'attendre, ils s'installaient pour dormir, je me décidai à naître.

Je pris tout le monde par surprise : Esméralda préparait son lit, mon père rangeait ses grimoires en bâillant, et ma mère ronflait déjà ! Je poussai alors d'horribles cris, étouffés par le grondement du tonnerre. Longtemps, j'ai cru que c'était moi qui avais causé ce tintamarre. Mais en tentant de recommencer par la suite, je dus me rendre à l'évidence : je n'étais pour rien dans le fracas de l'orage.

Mon arrivée passa donc inaperçue. Je fis alors comme tous les bébés naissants : je pleurai et hurlai sans arrêt. Et juste au moment où j'allais me pâmer, tout le monde se précipita sur moi.

— Il faut l'emmailloter, disait ma mère.

— Il faut lui réciter des formules magiques, lançait mon père.

— Je veux lui faire cadeau de mes incantations les plus maléfiques, s'exclamait ma grand-tante.

À vouloir me caresser tous en même temps, ils me brassaient, me tiraillaient, m'écartelaient. Je compris alors que je n'étais pas tombée dans une famille ordinaire. Leurs touchantes marques d'affection durèrent jusqu'au petit matin. Quand le soleil se leva, mon père déclara :

— Il faut lui choisir un nom.

Si tu crois que ce fut facile, tu te trompes ! Quelle méthode allait-on utiliser ?

— Coupons-lui une mèche de cheveux, faisons-la brûler et regardons le dessin que formeront les cendres, suggéra ma grand-tante.

Mais on rejeta vite cette idée, car j'étais complètement chauve.

— Lavons-la dans du lait de chèvre, proposa mon père. On laissera les saletés se déposer sur le dessus du lait pour y lire son nom.

— Tu es fou ! s'indigna ma mère. Laver une sorcière peut lui porter malheur. De plus, il n'est pas question de lui donner de mauvaises habitudes. A-t-on déjà vu une sorcière se laver ? Ça n'a vraiment aucun sens ! Écrivons plutôt différents noms sur des bouts de papier et nous choisirons celui qu'elle touchera du bout du doigt.

Quand ils me présentèrent un bol rempli de petits papiers, j'en pris aussitôt une grosse poignée, je les engouffrai dans ma petite bouche et je les avalai. Que veux-tu, ils ne m'avaient encore rien donné à manger et j'avais très faim!

— C'est mal de manger tous les papiers, gronda ma mère.

— Mal! Mal! Mal! répétai-je en souriant.

— Tout cela ne serait pas arrivé si j'avais eu un fils, s'exclama mon père.

— Fils! Fils! Fils! répétai-je de plus belle.

Ce fut ma grand-tante qui résolut le problème de mon nom en soudant les deux seuls mots que je savais prononcer.

De mal et fils, elle a fait Maléfice, que je trouvai plaisir à répéter:

— Maléfice! Maléfice!...

Tout le monde fut satisfait de cette solution, et la fatigue se faisant sentir après une nuit aussi remplie de si grandes émotions, chacun alla se coucher. Le vacarme de nos ronflements remplaça bientôt le tapage du tonnerre, car l'orage s'éloignait peu à peu.

Je pris ainsi l'excellente habitude de dormir le jour et de rester éveillée la nuit. Cela rendit ma mère très heureuse, car les sorcières n'aiment pas la lumière crue du soleil. Elles préfèrent de beaucoup la pâle clarté de la lune et la lueur vacillante des bougies.

— C'est un bon bébé, disait ma mère. Elle dort aux heures convenables et elle mange tout ce qu'elle trouve : pâtés de boue, petits cailloux, fourmis, feuilles d'arbres,

vieux fromages moisis et même du papier…

Ma mère aurait bien voulu que je laisse le papier tranquille, mais j'y avais pris goût… Plus il était vieux, meilleur je le trouvais.

Cette manie de déguster les vieux papiers fit disparaître plusieurs grimoires contenant des formules inédites.

— Quelle curieuse habitude! soupirait ma mère. J'espère au moins que ça va l'aider à apprendre les incantations et les sortilèges.

Malheureusement pour elle, il n'en fut rien. J'ai toujours été incapable de retenir par cœur la plus petite formule magique. Les seuls mots que je puisse réciter sans me tromper sont: *par la bave de mon crapaud…*

Mais c'est ainsi que commencent au moins 352 sortilèges servant à différents usages : faire pleuvoir, colorer un corbeau en rouge, friser les cheveux, faire pousser la barbe, et plusieurs autres choses.

— C'est un bon début, m'encouragea mon père. Avec un peu de pratique, tu arriveras à apprendre une formule complète.

CHAPITRE 2

Mes jeux

Pour plus de commodité, ma mère avait installé ma chambre dans le grenier. Elle espérait ainsi me familiariser avec les toiles d'araignées, la poussière et toutes les vieilleries si utiles aux sorcières.

Je couchais dans un magnifique berceau noir décoré de petites étoiles blanches. Pour m'endormir, je serrais très fort entre mes bras un affreux dragon vert en peluche à

qui j'avais donné le nom de Crapaud.

Je me rappelle que mon père n'aimait pas me voir traîner partout mon dragon Crapaud.

— Ça fait trop doux, trop gentil pour une sorcière, disait-il.

— Cette habitude lui passera en vieillissant, répliquait ma mère. Il faut bien qu'elle vive sa vie d'enfant.

Souvent elle me donnait un maillet et m'envoyait dehors jouer à écraser les sauterelles dans le gazon. C'était un de mes jeux favoris.

J'aimais aussi m'amuser avec le chat de la maison, Barberousse. Je l'attachais à un arbre et je lui passais sous le nez une jolie petite

souris blanche. Puis, je la déposais par terre et elle essayait de se sauver en courant dans tous les sens. Barberousse se mettait en position d'attaque, bougeait la queue, se balançait sur ses pattes de devant et bondissait pour attraper sa proie. Au beau milieu de son élan, la corde qui le retenait à l'arbre l'arrêtait net et il retombait le nez par terre.

Un jour que la souris m'avait mordue, je décidai de lui régler son compte. Sans attacher Barberousse à l'arbre, je lui montrai la souris. Mon chat se plaça pour l'attaque, bougea la queue, se balança et... ne bondit pas.

Cet imbécile s'imaginait que je l'avais attaché et qu'il allait une fois de plus se cogner le nez par terre. Malgré ma grande déception, j'appris ce jour-là deux choses importantes. Premièrement, les animaux peuvent retenir certaines choses à la condition de les leur répéter souvent. Deuxièmement, mon chat Barberousse n'était qu'un crétin... Pour moi, ce chat n'était plus un animal digne d'habiter avec une sorcière.

Puisque je ne voulais plus jouer avec le chat, je devais me trouver un autre compagnon de jeu. J'en ai découvert un qui me faisait beaucoup rire : la petite fée de l'eau. Tout près de chez moi, il y avait un étang rempli de grenouilles, de têtards, de jeunes lézards et d'insectes d'eau. Une petite fée y habitait aussi.

Elle était très timide. Pour qu'elle se montre, il fallait ne pas faire de bruit, ne pas bouger et surtout ne pas remuer l'eau. Alors, tout doucement, je voyais son visage apparaître à la surface de l'étang. Comme les poissons, ses compagnons, elle ne parlait jamais.

Mais elle faisait toutes sortes de mimiques. Elle ouvrait de grands yeux, tirait la langue et grimaçait d'une façon plutôt comique. J'essayais de l'imiter de mon mieux.

Si par malheur une grenouille sautait à l'eau, mon amie disparaissait aussitôt. Elle ne réapparaissait que lorsque l'eau était redevenue calme. De plus, elle avait peur du vent, car il la faisait fuir au fond de l'étang. J'avais alors beaucoup de difficulté à la voir.

J'ai longtemps cru qu'elle n'habitait que dans l'étang. Mais un jour, à ma grande surprise, je la retrouvai dans un grand chaudron rempli d'eau. Je courus demander à ma mère pourquoi elle voulait faire bouillir la petite fée. C'était mon amie et je ne voulais pas qu'elle souffre.

— Il n'y a personne dans l'eau, m'affirma ma mère. Ce que tu vois, c'est ta propre image qui se réfléchit sur l'eau.

— Ce n'est pas vrai! Il y a réellement une fée dans l'eau.

Je me mis à pleurer, à crier, à me rouler par terre et à taper du pied. Mon père, dans son extrême gentillesse, voulut me prouver que ma mère avait raison. Il me souleva dans ses bras et me plongea la tête dans l'eau du chaudron. Je compris facilement mon erreur (je n'avais pas le choix). J'étais presque suffoquée quand il me retira de l'eau.

— Tu devrais me remercier pour cette petite leçon, me dit-il d'une voix douce. Maintenant, va dans ton lit pour y réfléchir.

Quel homme que mon père! Il venait de réussir deux exploits. Premièrement, il m'apprit quelque chose malgré mon caractère rebelle à toute leçon. Deuxièmement, il me donna un bain en dépit de la vigilance de ma mère, toujours opposée à cette mauvaise habitude.

Ce bain de vérité mit fin à mes jeux d'enfant. À partir de ce jour, mes parents décidèrent qu'il était grand temps de commencer mon éducation de sorcière. J'avais presque six ans: l'âge idéal pour apprendre, l'âge des devoirs et des leçons.

CHAPITRE 3

L'école des sorcières

Mes parents me confièrent aux bons soins de ma grand-tante Esméralda. Mon dragon sous le bras, je me dirigeai donc vers la cabane de la sorcière, située dans la forêt tout près du torrent.

Elle m'accueillit avec la gentillesse d'une sorcière. C'est-à-dire que d'une voix sèche, elle me désigna un tas de paille dans un coin et me dit :

— Voilà ton lit, tu y laisseras ton animal en peluche. Si je le vois traîner ailleurs, j'en ferai de la pâtée pour Hector, mon chat noir.

Après avoir caché Crapaud au fond de mon lit, je vins m'asseoir sur un banc près de la table de travail d'Esméralda. À côté, sur un chevalet, était posé un grimoire aux feuilles usées et jaunies par le temps. Ma grand-tante y déchiffrait de vieilles incantations magiques. Rien qu'à voir ce vieux livre, j'en avais l'eau à la bouche : il avait l'air tellement appétissant... Je commençais à me sentir un petit creux dans l'estomac.

Mais la sorcière devina mon intention. Il faut dire qu'elle connaissait mon goût pour les vieux papiers. Elle s'empressa donc d'enfermer tous ses livres dans un coffre verrouillé à double tour.

Puis, elle sortit sa grande marmite, la remplit d'eau et la fit chauffer. Elle y ajouta une vieille poule morte toute desséchée, des plantes inconnues, quelques champignons à l'aspect douteux, et elle brassa le tout en marmonnant des paroles que je ne comprenais pas.

— Quelle sorte de potion magique fabriques-tu? lui demandai-je, intriguée.

Elle se mit à rire. Comme elle ne riait pas souvent, je crus qu'elle s'étouffait et je lui tapai dans le dos.

— Espèce d'idiote! s'écria-t-elle. Il n'y a rien de magique là-dedans. Je prépare tout simplement un ragoût de sorcière pour notre souper.

Durant les dix années où j'ai vécu chez ma grand-tante Esméralda, le menu était simple. Un jour, nous

mangions du ragoût de sorcière. Le lendemain, nous dégustions les restes du ragoût de sorcière. Le surlendemain, nous jeûnions pour mieux digérer le ragoût de sorcière. Et ça recommençait.

Comme tu le vois, ma grand-tante n'aimait pas tellement le changement ni la variété. Aussi j'allais en cachette dans le bois savourer des fruits sauvages, de préférence ceux qui n'étaient pas mûrs.

Ma grand-tante Esméralda commença d'abord par m'apprendre le nom des plantes, des animaux et des insectes que l'on retrouve dans la forêt et dans les champs.

Je piétinais avec plaisir dans les flaques de boue pour y ramasser des vers de terre. Je grimpais aux arbres morts pour en arracher l'écorce et y découvrir toutes sortes d'insectes.

Quand je trouvais des nids d'oiseaux, je prenais un malin plaisir à les jeter aux pieds de ma grand-tante. Ils éclataient en mille morceaux en laissant des traces visqueuses par terre. J'enfouissais dans une grande poche de jute des champignons, des branches, des feuilles, enfin tout ce que je trouvais.

Malheureusement, à cause de mon manque de précaution, la plus grande partie de ce que je ramassais était tout à fait inutilisable. Même Esméralda était incapable d'identifier ce que je rapportais. Elle n'avait d'autre choix que de donner le tout à manger à son chat, en espérant qu'il ne tombe pas malade.

— Si tu ne prends pas plus de soin pour tes cueillettes, m'avertit-elle, je finirai par me fâcher et tu pourrais le regretter.

Connaissant ses terribles pouvoirs, je fis donc plus attention. J'appris enfin le nom de toutes ces choses qu'Esméralda pouvait maintenant identifier. Pour les noms, j'avais une très bonne mémoire, car, depuis ma naissance, j'avais la manie de répéter les mots.

Je pouvais répéter un mot pendant des heures et des heures. À tel point que ma grand-tante finit par me dire que je radotais. J'ai eu envie de lui répondre que si elle pouvait marmonner à longueur de journée, j'avais bien le droit de radoter les mêmes mots.

Mais je ne le lui dis pas, même si c'était vrai qu'elle marmonnait.

J'avais bien trop peur qu'elle ne se fâche et ne me jette un mauvais sort !

Après quelques années, je devins une experte en sciences de la nature. Je connaissais par cœur les noms de tous les animaux, de toutes les plantes, de toutes les roches qui existent. J'avais fait l'inventaire complet de la forêt et de la plaine. J'avais parfois l'impression qu'à la place d'un cerveau, je possédais un immense catalogue illustré avec, sous chaque illustration, le nom de l'objet.

Je découvris alors que ma grand-tante n'était pas complètement désintéressée. En effet, si elle m'avait enseigné toute sa science, c'était pour se servir de moi.

Comme elle commençait à vieillir, elle se déplaçait avec de plus en plus de difficulté. Elle s'était donc imaginé que je pourrais lui servir de commis. Elle m'envoyait à sa place dans les bois et les champs à la recherche des éléments indispensables à ses préparations magiques.

Au début, j'étais choquée à la pensée qu'elle ne voulait de moi que pour faire ses commissions. Mais en réfléchissant, je réalisai que je sortais gagnante de cet arrangement.

En plus d'apprendre des tas de choses, cela me permettait de passer plus de temps à l'extérieur de sa cabane. Finalement, j'aimais bien aller me promener seule dans la nature. Ça me donnait l'occasion de sauter dans la boue, de grimper dans les arbres et de lancer des œufs par terre.

CHAPITRE 4

Les potions magiques

Se balader en forêt, c'est bien agréable, mais ce n'est pas tout. Je devais commencer la deuxième partie de mon entraînement : apprendre à fabriquer des potions magiques. Je trouvais cela plutôt facile et très amusant. Il suffisait de lire la recette, de trouver les ingrédients et de tout mélanger dans une grande marmite au-dessus d'un bon feu.

Sais-tu que le mot marmite signifiait « hypocrite » dans l'ancien temps ? Quand ma grand-tante me dit cela, je ne compris pas très bien le rapport qu'il pouvait y avoir entre un grand chaudron et un hypocrite. Mais après quelques essais je compris ce qu'elle voulait dire. Je savais toujours exactement ce que je mettais dedans, mais je ne savais jamais ce qui en sortirait à la fin.

J'avais beau suivre les recettes minutieusement, le résultat était toujours étonnant. Je pouvais faire la même recette dix fois et, à chaque essai, j'obtenais quelque chose de différent. La potion pour faire pousser les verrues devenait un onguent pour le torticolis. La formule pour faire grandir les fourmis les changeait tout simplement de couleur. Ce n'était pas aussi facile que je l'avais d'abord cru.

— Il faut te concentrer davantage, me dit Esméralda. Tu devrais être plus sérieuse. La sorcellerie demande beaucoup de minutie et d'attention. C'est plus compliqué que de préparer un ragoût de sorcière.

Je recommençais donc en m'appliquant de mon mieux. À mon grand soulagement, les résultats s'amélioraient. Il me fallut au moins cinq ans de pratique pour perfectionner ma technique. Esméralda était fière de mon travail, car j'obtenais à tout coup le bon produit. J'avais travaillé très fort pour arriver à ce résultat, et comme en plus je faisais toutes les commissions, j'étais passablement fatiguée à la fin de mon apprentissage.

Mais j'ignorais alors que le plus dur était encore à venir. J'allais à présent commencer l'étude des formules magiques.

— Sans formules magiques, une sorcière n'est pas une sorcière. Elle n'est qu'une petite barboteuse de marmite, me répétait sans cesse ma grand-tante.

Je passai alors des heures à lire des grimoires, puis à réciter les yeux fermés les incantations magiques.

— J'ai l'impression d'avoir la tête tellement pleine de tout ce qu'on m'a déjà appris, que rien d'autre ne pourra plus y entrer, fis-je remarquer à ma grand-tante.

— S'il le faut, je te percerai le crâne pour le vider un peu et je le remplirai ensuite de formules magiques.

Je compris le message et j'arrêtai de me plaindre. Je me mis donc à dévorer des yeux (pas de la bouche) les livres de la sorcière. Je me rendis compte que dans la plupart des formules, les mêmes mots revenaient très souvent. Je fis une liste de ces mots et je calculai le nombre de fois qu'on les retrouve dans des formules magiques. Voici quelques exemples parmi les plus courants :

Badaboum. . . . . 673 fois

Langue de vipère . . . . . . 606 fois

Alakazim. . . . . 524 fois

Araignée du matin . . . . . 507 fois

Poil de cochon . . . . 461 fois

Cervelle de lézard. . . . . . 412 fois

Patte de gazelle . . . . 394 fois

Bave de crapaud. . . . . . . 352 fois

Étant très douée pour la mémoire des mots, je réussis donc à tous les retenir. Le seul problème était de savoir dans quel ordre il fallait les prononcer et à quoi ils pouvaient bien servir.

C'était un gros problème, car la moindre petite erreur pouvait amener des résultats désastreux et inattendus. J'y travaillai pendant près de deux ans avec l'aide de ma grand-tante.

Au moment où je commençais à peine à y arriver, ma grand-tante entreprit un voyage en balai. Elle en avait l'habitude : une fois par mois, elle sautait sur son balai pour aller à la recherche de mauvaises actions à accomplir. Quelquefois, elle ensorcelait des rouets pour que de douces jeunes filles (surtout des princesses) s'y piquent et s'endorment pour des siècles. D'autres fois, elle sauçait de belles pommes rouges dans du poison pour ensuite les offrir à d'autres jeunes filles (surtout celles qui vivent avec des nains).

Malheureusement, ce genre d'histoire finissait généralement mal. Il y avait toujours un prince qui s'imaginait qu'en embrassant la jeune fille, le mauvais sort disparaîtrait. Et le pire, c'est qu'il avait raison. C'était aussi très dangereux car, chaque fois, quelqu'un essayait de se débarrasser de ma grand-tante.

Elle enfourchait alors son balai et s'envolait très loin, à l'abri de ceux qui lui gâchaient son plaisir. Malheureusement pour elle, cette fois-là, ce fut son dernier voyage.

Quand elle sauta sur son balai, il se brisa en deux.

Elle fit une pirouette digne d'une médaille d'or aux Jeux olympiques, mais rata quelque peu son arrivée, cinq cents mètres plus bas au fond du torrent. Cette chute qui lui aurait valu un -10 à ces mêmes Jeux olympiques, lui coûta malheureusement la vie... Ainsi disparut cette merveilleuse sorcière, tout au fond d'un gouffre. La vie est ainsi faite : des hauts et des bas...

Quand je compris ce qui lui était arrivé, je pris mon dragon Crapaud et les grimoires de ma tante, et je rentrai chez mes parents. Je pouvais aussi bien apprendre chez eux mes formules et terminer ainsi mon éducation et mon apprentissage de sorcière.

CHAPITRE 5

La fontaine magique

La plupart des gens désirent que leurs enfants grandissent en grâce, en beauté et en sagesse. Mais mes parents ne sont pas des gens ordinaires. Aussi, lorsqu'ils me virent arriver avec maladresse, laideur et désordre, ils furent ravis. À 16 ans, j'étais pour eux le plus bel exemple d'une jeune sorcière.

Mes vêtements étaient sales et débraillés. Mes cheveux étaient ébouriffés. Mes ongles et mes oreilles n'avaient jamais été nettoyés. Tantôt je marchais en traînant les pieds, tantôt je sautillais sur le chemin. Quelle allure j'avais! Mes parents pouvaient être fiers de moi.

Ils me donnèrent chacun un douleureux bec à pincettes. J'en fus très heureuse car ce genre de démonstration d'affection est très rare entre sorciers. C'est vraiment le signe d'un grand amour.

C'est mon père qui, le premier, reprit son attitude naturelle. Il me fit les gros yeux et me dit d'une voix forte:

— Comment se fait-il que tu traînes encore ce toutou avec toi?

Il parlait de Crapaud, mon dragon. J'avais pourtant bien essayé de le cacher sous ma jupe, mais sa queue dépassait, et mon père l'avait remarquée. En bafouillant, j'essayai de lui expliquer :

— J'aime beaucoup mon dragon. Sa présence me rassure. Tu sais, il est plus méchant qu'il n'en a l'air…

— Allons, dit ma mère, Maléfice n'est qu'une enfant.

— En tout cas, elle a passé l'âge de jouer avec un toutou, même s'il s'agit d'un toutou dragon !

Mon père et ma mère se mirent à s'engueuler et à se menacer de toutes sortes de sortilèges. Cela me fit chaud au cœur. Durant mon séjour chez ma tante, je m'étais beaucoup ennuyée de cette chaleureuse ambiance familiale.

Je profitai toutefois de leur dispute pour aller cacher Crapaud au grenier qui me servait toujours de chambre. Quand le calme fut revenu, mon père se fit un devoir de vérifier mes connaissances. Il me questionna sur le nom des plantes, des insectes et des autres choses que l'on trouve dans la nature. Il fut très satisfait de mes réponses et il m'en félicita.

— Puisque tu es maintenant une vraie sorcière, tu vas m'aider à préparer ma fontaine magique.

Cette fontaine avait le pouvoir de donner une beauté et une jeunesse éternelles à celui qui s'y baignait une fois. Mon père s'empressa de l'essayer et le résultat fut impressionnant.

Ma mère eut même de la difficulté à le reconnaître. Il est vrai qu'à l'époque mon père n'était plus très jeune (il avait même les cheveux tout gris). De plus, il avait toujours été du genre monstre hideux, comme dans l'histoire de la Belle et la Bête. C'est d'ailleurs lui qui avait servi de modèle à l'auteur de cette histoire (le modèle de la Bête, pas de la Belle).

— De te voir ainsi, jeune et beau, dis-je à mon père, cela me rend triste. Que veux-tu, j'ai toujours été attirée par les vieilleries hideuses. Je ne peux pas m'habituer à ta nouvelle apparence.

Mais lui, il semblait très heureux d'être devenu jeune et beau. Il était aussi très satisfait de mes aptitudes pour la préparation de recettes magiques. Il découvrit ensuite dans un vieux grimoire une formule qui transformait les métaux ordinaires en or. Il fabriqua des montagnes d'or. Il en remplit de nombreux coffres. Sa fortune était faite.

— J'ai beaucoup d'or et je suis très beau, déclara-t-il. Maintenant à moi le pouvoir. Je deviendrai le roi du plus grand pays du monde… Ha! Ha! Ha!… D'abord, je vais me débarrasser du vrai roi. Maléfice, tu vas me fabriquer une poupée-fétiche à l'image de ce roi.

Ce fut une tâche vraiment agréable. Je pouvais enfin jouer à la poupée sans me faire gronder. Avec de la paille tressée, je fis le corps, les jambes et les bras. Je cousis par-dessus de beaux vêtements de soie rouge et or. Je pris un gros gland pour faire la tête. Je lui dessinai des yeux, un nez et une bouche et je collai sur le dessus une touffe de poils du vieux chat Barberousse. J'ajoutai finalement une petite couronne en fil de fer et une cape de laine.

Mais mon père ne me laissa pas jouer avec ma poupée.

— Ce n'est pas digne d'une sorcière de s'amuser avec de telles babioles.

— Tu passes bien de longues heures à faire toutes sortes de choses stupides avec ta poupée, lui répondis-je.

— Ton père se sert de cette poupée-fétiche et d'incantations magiques pour agir à sa guise sur le vrai roi, m'expliqua ma mère. Ce n'est pas une simple poupée, mais un fétiche ayant des pouvoirs magiques.

Pour vérifier s'il était vraiment en son pouvoir, il imagina toutes sortes de choses invraisemblables. Il lui fit faire le tour du château en marchant sur les mains. Il le fit se lever au milieu de la nuit pour jouer de la trompette et ainsi réveiller tout le monde. Il le fit crier hi-han, hi-han durant toute une journée. Quand il fut bien certain que le roi était sous son emprise, il le força à monter à cheval et à venir le rejoindre dans son repaire.

Mais les chevaliers du roi avaient remarqué son attitude bizarre. Ils décidèrent de le suivre pour comprendre ce qui se passait. Quand le roi entra dans la maison de l'enchanteur, ils se lancèrent à son secours.

Les chevaliers enfoncèrent la porte et attaquèrent mon père. Heureusement, avec sa jeunesse éternelle, il était fort agile et très rapide. Il réussit à se sauver par la porte de derrière. Mais c'était la nuit et, dans la noirceur, il ne vit pas sa fontaine magique au milieu du jardin. Il buta dessus et tomba dedans.

Ce qu'il ne savait pas, mais qu'il apprit aussitôt, c'est qu'en se baignant une deuxième fois dans la fontaine, le charme s'envolait. En une fraction de seconde, sa beauté et sa jeunesse disparurent et il redevint hideux et vieux.

Les chevaliers du roi ne le reconnurent pas et continuèrent de fouiller en vain les alentours à la recherche du jeune et beau sorcier. Ils trouvèrent un peu bizarre de voir un vieux bonhomme se baigner en pleine nuit, mais ils ne firent jamais le lien entre ce vieil homme et le jeune sorcier.

Mon père se sauva ainsi des chevaliers. Malheureusement, il faisait très froid cette nuit-là et il attrapa un mauvais rhume. Ma mère essaya de le soigner avec des onguents et des potions magiques. Mais rien n'y fit, il mourut peu de temps après d'une grosse bronchite.

Ce fut ainsi qu'il disparut avant de pouvoir vérifier mes connaissances dans le domaine des formules magiques. Il aurait été très frustré de constater que j'étais tout à fait nulle.

Sa mort fut donc une chance pour lui, puisqu'il évitait ainsi d'être cruellement déçu. Du même coup, je me sauvais d'une sévère punition. Mon père n'aurait jamais accepté que je ne sois pas une sorcière habile dans tous les arts de la sorcellerie.

CHAPITRE 6

Lapins, renards et grenouilles

Peu de temps après, ma mère décida de me mettre à l'épreuve pour juger par elle-même de mes capacités. J'avais tellement peur qu'elle découvre mon incompétence que je décidai de tricher.

Quand elle m'annonça que je devrais exécuter trois sortilèges de mon choix, je me préparai en conséquence. Dans la paume de ma main gauche, j'écrivis la formule pour changer les lapins en renards. Dans le fond de mon bonnet pointu, je glissai celle qui ralentit les animaux. Sur la semelle de mon soulier, je notai une incantation qui rapetisse les objets.

Puis j'allai rejoindre ma mère :

— Je suis prête, lui dis-je. Viens avec moi dans la forêt, il faut que je trouve un lapin.

Je rencontrai bientôt sous un gros cèdre, une famille complète de lapins. Je jetai un coup d'œil à la formule sous mon bonnet et je la récitai de mon mieux :

Araignée du matin

sème le chagrin

sur ces lapins,

badaboum !

J'espérais changer un de ces lapins en renard, et le voir ensuite se lancer à la poursuite des autres lapins.

Malheureusement, j'avais utilisé la formule pour ralentir les animaux, et de plus je l'avais dite à l'envers. Les lapins devinrent donc très rapides et se sauvèrent en tous sens.

— J'ai dû faire une petite erreur, expliquai-je, mal à l'aise. Je vais reprendre.

Ma mère ne dit rien, mais elle se mit à m'observer très attentivement. La course des lapins attira un renard. Tout excitée, je lus à l'envers la formule écrite au fond de ma main, dans l'espoir de changer le renard en lapin.

Patapi

Patapo

Toutati

Toutato

Bingo.

Mais ma main était tellement sale que je confondis certains mots. Les résultats ne furent pas ceux que j'espérais : le renard ne se changea pas en lapin, mais en loup.

Le loup, surpris, regarda autour de lui, essayant de comprendre ce qui lui arrivait. Il m'aperçut, tapant du pied de déception. Sous sa forme de renard, il avait très faim et il aurait bien mangé un petit lapin. Maintenant qu'il était loup, il avait encore très faim et il aurait bien mangé une jeune sorcière. Au regard qu'il me lança, je compris tout cela très vite.

Rapide comme l'éclair, j'enlevai mon soulier afin d'y lire la formule pour rapetisser les objets. Comble de malheur, en marchant dans le bois humide, j'en avais effacé la moitié. Je me mis donc à courir dans le bois, poursuivie par le loup affamé. Sans réfléchir, je récitai les paroles qui restaient sous mon soulier :

Gare au loup,

mon toutou,

rapadou !

J'eus alors l'impression que la forêt devenait immense. Les arbres grandissaient à vue d'œil. Les cailloux se transformaient en montagnes. Les brins d'herbe devenaient des lianes. Je courais autant que je le pouvais, mais je n'avançais pas.

Soudain une énorme bête noire passa au-dessus de moi sans m'apercevoir. Tout effrayée, je continuai d'avancer dans ce décor bizarre, jusqu'à ce que je rencontre deux gigantesques souliers. Dans ces souliers, il y avait une géante tellement grande que j'avais de la difficulté à distinguer les traits de son visage.

— À quoi joues-tu donc? tonna la géante.

C'était ma mère! En réalité, elle n'était pas devenue une géante. Non, c'est moi qui avais désormais la taille de Tom Pouce.

Ce n'était pas la forêt qui avait grandi, c'était moi qui avais diminué. L'énorme bête qui avait passé au-dessus de moi, c'était le loup: il ne m'avait pas vue tellement j'étais devenue petite. Heureusement, en quelques minutes, ma mère me redonna ma grandeur normale. Hélas! elle venait de constater mon incompétence.

Très en colère, elle voulut frapper ma main à coups de baguette (magique). Elle aperçut alors la formule que j'y avais inscrite. Je dus lui avouer que j'en avais caché deux autres.

Se calmant tout à coup, elle me dit:

— Pour une sorcière, c'est très bien de tricher. Mais tu pourrais te montrer plus habile. Va en pénitence dans ta chambre. La prochaine fois, triche mieux que cela.

Mais ma mère se rendait bien compte que mon éducation n'était pas terminée. Elle devait maintenant essayer de me faire apprendre par cœur mes formules magiques.

Le lendemain soir, tout était calme dehors. Même le hibou et le loup se taisaient. Les chauves-souris frôlaient silencieusement l'eau de la rivière. À croire que tous les animaux se cachaient de peur au fond de leur terrier.

Ils n'avaient pas tort. Assise sur un banc de bois, dans un coin de la cabane, je récitais mes formules. L'heure était aux pires calamités. Tout pouvait arriver. Les transformations les plus bizarres sont possibles quand on ne maîtrise pas son répertoire de formules magiques.

Le chat Barberousse en fut la première victime. Sous l'effet d'un enchantement quelconque, son poil se frisa, ses moustaches devinrent molles et tombantes et sa longue queue se changea en une petite touffe de poils. Ma mère se contenta de soupirer et continua à me faire répéter. Il faut bien admettre qu'elle se montrait très patiente avec moi.

Jamais elle ne se décourageait. Malgré tous les dégats que je causais autour de moi, dans la forêt ou dans la maison, elle continuait de m'encourager en souriant et en me parlant gentiment. Au fond, je crois que toutes ces transformations l'amusaient beaucoup.

Après plusieurs mois de pratique, j'avais réussi à vider la rivière de tous ses poissons et à les remplacer par des crocodiles, des alligators et des caïmans. Le poil de Barberousse avait changé sept ou huit fois de couleur. J'avais transformé la cabane en château, en édifice à appartements, en nid d'oiseau et en terrier. Mes méfaits se comptaient par centaines.

Celui qui me fit le plus de peine fut quand mon dragon, Crapaud, se changea en vrai crapaud ou plutôt en grenouille qui bondit hors de la cabane. En quelques bonds, elle fut au bord de la rivière. Elle sauta à l'eau pour rejoindre un groupe de véritables grenouilles.

Sans réfléchir, je plongeai à l'eau pour la rattraper. Mais je ne sais pas nager. Je pris peur et je me débattis fortement pour revenir au bord. Épuisée, je m'assis dans la vase, une feuille de nénuphar sur la tête. Les grenouilles avaient eu peur de moi et elles s'étaient toutes sauvées.

Convaincue d'avoir perdu mon dragon à tout jamais, je me mis à pleurer à chaudes larmes. Un retentissant coassement se fit entendre. C'était la seule chose qui pouvait me consoler.

Je prêtai l'oreille pour savoir d'où venait le bruit. Le coassement était tellement proche que j'avais l'impression qu'il sortait de moi. En réalité, ce bruit provenait de la poche de ma jupe. Il y avait une grenouille enfermée dedans.

Sans lui laisser la chance de s'enfuir, je courus jusqu'à la maison. Je récitai à l'envers la formule que j'avais déjà utilisée. Aussitôt, ma poche se déchira. Si elle était assez grande pour contenir une grenouille, elle était trop petite pour que mon dragon y prenne place.

Au comble de la joie, j'embrassai mon dragon. Je me rendais bien compte qu'il n'était pas tout à fait comme avant. Sa couleur était un peu plus pâle, ses oreilles un peu plus courtes et ses pattes un peu plus grandes. Je me dis que c'était dû à sa transformation en grenouille.

Ma mère croyait plutôt que je m'étais trompée de grenouille. Elle disait que Crapaud devait se promener au bord de la rivière. Je l'assurai qu'elle se trompait. Mais quand elle s'endormit, j'allai faire un petit tour au bord de l'eau. Il était bien difficile de savoir qui avait raison, les grenouilles se ressemblent toutes…

CHAPITRE 7

Magie, magie, magie

C'était un soir de pleine lune. Dehors, on pouvait entendre un ancien chanteur devenu hibou hululer dans la forêt. Dans notre cabane, ma mère fit l'expérience d'une longue formule très compliquée : *Ciboula, odoudou, patapi, grololo...*

Dès qu'elle l'eut prononcée au complet, un événement assez bizarre se produisit. Ma mère, cette terrible fée Malice, se métamorphosa aussitôt en une toute petite limace inoffensive. Pour conjurer ce mauvais sort, il fallait que je redise la même formule, mais à l'envers.

Je récitai de mon mieux : *Grololo, patapi, odoudou, ciboula…* Rien ne se passa. J'avais oublié une partie de la formule. Je fouillai dans le grimoire de ma mère, mais la formule n'y était pas (elle venait tout juste de l'inventer).

Pendant que je me grattais la tête pour trouver une solution, ma mère se traînait vers la porte ouverte pour aller se vautrer dans l'herbe de la forêt. Au moment où je la cherchais sur la table, la limace passait déjà la porte. Tandis qu'à quatre pattes, j'examinais le plancher, elle traversait le jardin. Quand je sortis dehors pour scruter

les alentours, elle était déjà à l'orée du bois.

Comble de malchance, j'aperçus ma mère se faufilant entre deux brindilles, en même temps que l'ancien chanteur (celui transformé en hibou). Il fut plus rapide que moi. C'était l'heure de son petit déjeuner et il avait très faim. D'un seul coup d'aile, il sauta sur la limace et goba ma mère. Puis, très satisfait de ce petit hors-d'œuvre, il retourna se percher au sommet d'un énorme pin rouge. Le malheur des uns fait le bonheur des autres.

N'écoutant que mon cœur de sorcière attristée, je piquai une terrible colère. Mais du haut de son pin rouge, le hibou hululait stupidement. Vite j'allai consulter le grimoire et j'y trouvai la formule pour changer les chanteurs en hiboux :

Tip-tip-tip, toc-toc-toc, hou-hou-hou, zip. Je revins voir le hibou et récitai la formule à l'envers :

— *Zoc, toc-toc-hou, tip-tip-hou, hou-tic-top.*

Mais je n'ai pas de mémoire pour les formules. Je me suis trompée en la prononçant. Le hibou ne redevint pas un chanteur, mais se changea en éléphant. De toute façon, ça n'avait pas tellement d'importance car le résultat fut le même. L'éléphant dégringola du pin rouge et se cassa le cou.

Cette sinistre nuit, disparurent à tout jamais une terrible fée, une limace stupide, un hibou glouton, un chanteur enchanté et un éléphant trop pesant.

Une tragique conclusion s'imposait à mon esprit après cela. Si je ne trouvais pas un moyen de remédier à mon problème, j'allais faire un malheur. C'est un vrai désastre pour une sorcière de ne pas avoir de contrôle sur ses pouvoirs magiques. J'entrevoyais un avenir bien noir pour moi.

Mais le noir est la couleur favorite des sorcières. Cela me consola un peu et me donna du courage pour trouver une solution. Je me remis à étudier avec plus d'ardeur mes formules magiques. J'appris donc qu'il existe 12 648 sortilèges connus et inscrits dans les grimoires, classés en trois groupes : la haute magie, la basse magie et la magie futile.

La haute magie touche tout ce qui a trait aux transformations. C'est avec cette magie que l'on change les cailloux en or, les fruits en bijoux et les grenouilles en dragon Crapaud.

La basse magie concerne les poisons. Elle sert à préparer des potions et des onguents magiques, grâce auxquels on peut tuer de douces jeunes filles avec de belles pommes rouges. Avec la basse magie on peut aussi fabriquer des philtres d'amour, mais il faut faire très attention car la moindre petite erreur peut être fatale aux deux amoureux.

Je ne comprends pas pourquoi l'une de ces magies s'appelle haute et l'autre basse, car à mon avis elles sont toutes les deux aussi importantes. Mais pour ce qui est de la magie futile, elle mérite bien son nom car elle est complètement inutile.

La magie futile est celle qui fait sortir un lapin d'un chapeau ou une longue file de mouchoirs d'une manche… Tu vois le genre. C'est le type de magie sur lequel toutes les sorcières dignes de ce nom lèvent le nez.

Malheureusement, c'était la seule magie où j'étais vraiment excellente. C'était comme un don naturel chez moi. Je l'avais apprise sans faire le moindre petit effort. En claquant des doigts, je faisais apparaître un bouquet de fleurs dans ma main. Pour une véritable sorcière, c'est vraiment désespérant.

Avec la basse magie, je me débrouillais quand même assez bien. Quand on prépare une potion magique, on peut se servir de son grimoire. Il n'est pas nécessaire de se souvenir par cœur de ses incantations magiques. Il suffit de savoir se débrouiller avec une marmite. Ma grand-tante Esméralda m'avait donné d'excellents cours dans ce domaine.

Mon point faible restait donc la haute magie. Puisque je ne parvenais pas à retenir mes formules, je n'avais d'autre choix que de tricher. Mais cette fois, je devais le faire d'une façon plus intelligente. Je ne voulais plus commettre la moindre erreur.

J'eus l'idée de me munir d'un petit calepin sur lequel j'allais inscrire, par ordre alphabétique, les incantations les plus nécessaires à mes activités de sorcière. Le plus difficile dans tout cela, c'était de choisir les plus nécessaires.

Dans mon calepin, je n'avais de la place que pour une centaine de sortilèges. Il me fallait faire un choix entre plus de douze mille formules. Comment allais-je m'y prendre pour choisir?

Ce fut en pensant à ma mère que je trouvai la méthode idéale pour faire ce choix. En effet, je décidai d'imiter sa méthode pour me trouver un nom. J'écrivis sur des bouts de papier toutes les formules contenant moins de dix mots, les moins longues à écrire. Puis je déposai les bouts de papier dans mon bonnet et j'en tirai cent au hasard.

Après avoir inscrit ces formules dans mon calepin, j'étais prête à affronter le monde et à faire mes débuts de sorcière.

CHAPITRE 8

La pluie de mûres

À minuit, quand la lune fut bien haute dans le ciel, je m'envolai sur le vieux balai de ma mère en direction du village le plus proche.

C'était un petit village situé dans la plaine à quelques mètres d'un ruisseau. Il comptait tout au plus une quarantaine de maisons. Toutes les lumières étaient éteintes. À cette heure-là, les gens devaient dormir.

Malgré mes précautions, mon atterrissage ne fut pas très réussi. Je n'avais pas tellement l'habitude de piloter ce genre d'appareil. Je piquai un peu trop du nez et mon balai se planta dans le sol. Je fus projetée dans les airs et retombai au milieu du ruisseau.

Complètement étourdie, j'attendis quelques instants avant de me relever. J'avais aussi un peu peur d'avoir réveillé quelqu'un. Mais non, tout était calme et silencieux. Je sortis du ruisseau en tordant ma jupe et me dirigeai vers les maisons.

Je n'avais pas encore choisi quel mauvais coup j'allais faire. J'hésitais entre retourner toutes les maisons à l'envers, changer tous les animaux domestiques en sauterelles ou encore faire tomber une pluie de mûres noires sur le village.

J'optai pour la pluie de mûres. Je trouvais cela très amusant de salir tout un village. De plus, c'était une des rares formules que je connaissais par cœur. Debout, bien droite au milieu du village, je récitai à haute voix la formule :

— *Par la bave de mon crapaud, mûre, mûris dans les cieux.*

Aussitôt, le village fut inondé de petits fruits noirs, juteux et bien mûrs. Tous ces fruits faisaient de grands «flocs» en frappant les toits des maisons, en s'écrasant sur le sol et en s'écrabouillant sur ma tête.

J'avais réussi à faire pleuvoir des mûres, mais j'avais oublié un petit détail. En restant debout au centre du village, j'étais l'une des principales cibles de cette pluie.

Au début, cela m'amusa car en ouvrant la bouche je dégustais un vrai petit régal. Mais quand j'en reçus dans les yeux, dans le nez et dans les oreilles, je trouvai cela moins drôle. Les yeux bouchés par le jus de mûres, j'essayai à tâtons de me trouver un abri.

Tu as déjà tenté de marcher sur un sol recouvert de trois centimètres de mûres? C'est plutôt glissant! Ce qui devait arriver arriva. Je glissai et tombai sur le dos. Les villageois, réveillés par le bruit, cherchaient à comprendre ce qui se passait. C'est ainsi qu'ils me trouvèrent, les jambes en l'air au milieu d'une mare de mûres.

Je ne leur laissai pas le temps de réfléchir et en vitesse, je dis :

— *Stoppez, stoppez, têtes de noix, pain de chocolat...*

Cela devait les paralyser et me laisser le temps de me sauver. Mais je fis une petite erreur. Ce sont les mûres qui se retrouvèrent paralysées.

Les villageois, de plus en plus surpris par cette pluie de fruits figés dans les airs, commencèrent à se douter de quelque chose. Certains murmurèrent :

— Il y a de la magie là-dessous !

En m'apercevant à quatre pattes devant sa porte, une vieille femme se mit à hurler :

— Au secours ! Une sorcière !

— *Grenou, grenou, grenouille d'eau, je le veux,* lui lançai-je avec un air terrible.

Mais rien ne se passa. J'avais encore une fois oublié la fin de la formule. La vieille femme ne se transforma pas en grenouille et elle continua de hurler. Tout le monde se rendit compte de ma présence. Le signal de la chasse aux sorcières était lancé.

Si tu avais pu voir tous ces gens qui essayaient de m'attraper, tu aurais bien ri. Ils se bousculaient. Ils glissaient dans les mûres. Ils s'empilaient les uns sur les autres. Ils devenaient sales comme des cochons se vautrant dans la boue (mais c'était une boue de mûres). Ils se tiraient mutuellement les pieds, les mains, les cheveux en croyant m'attraper. Ils étaient tellement crasseux qu'ils ne se reconnais-saient plus.

J'en profitai pour ramper furtive-ment vers le ruisseau. Là, appuyée sur mon balai, je me régalai du spectacle. Mais, au bout d'un moment, un gamin me vit près du ruisseau.

— Voilà la sorcière ! s'écria-t-il.

Tous ceux qui le pouvaient s'élancèrent vers moi. À la hâte, je tirai sur mon balai encore planté dans la terre. Mais dans ma précipitation, je le cassai en deux. Il était maintenant inutilisable. Il me fallait fuir au plus vite. Je n'avais même pas le temps de prendre mon calepin pour y trouver une formule utile.

Poussée par la peur, je courus de toutes mes forces jusqu'à la forêt. Les villageois en colère me suivaient de près. Mais je connaissais le bois beaucoup mieux qu'eux. Sans hésiter, je me dirigeai vers un vieil arbre creux. Je savais que le

trou à la base de son tronc était assez grand pour m'y cacher.

Bien à l'abri, j'attendis que les villageois soient passés pour fouiller dans mes poches. Je me disais qu'ils méritaient tous une petite leçon pour m'avoir fait si peur. Dans mon calepin, je trouverais sûrement un mauvais sort à leur lancer.

Je n'étais vraiment pas chanceuse. En mettant la main dans ma poche, j'eus la désagréable impression qu'elle s'était transformée en pot de confitures aux mûres. J'en retirai mon calepin : il ressemblait à un vieux torchon.

Je le tordis de mon mieux, mais les pages se déchirèrent sous mes doigts. J'essayai de replacer les morceaux comme dans un casse-tête. Mais il y avait des taches de mûres partout. Mon petit calepin était devenu illisible.

Je devais me rendre à l'évidence : ce n'était pas une bonne idée de garder des formules dans un petit calepin. Non seulement c'est un objet très fragile car il peut se déchirer à tout moment, mais de plus, dans les moments d'urgence, je n'aurais jamais le temps de m'en servir.

Quand les villageois eurent quitté la forêt et que le calme fut revenu, je sortis de ma cachette. Je me dirigeai vers ma cabane où deux grandes tâches m'attendaient.

CHAPITRE 9

Crapaud, mon... dragon ?

Je me rappellerai toujours cette journée historique. Pourtant, on aurait dit un jour ordinaire. C'était l'automne. La plupart des arbres de la forêt avaient perdu leurs feuilles. Il faisait froid et l'humidité nous traversait les os. Les animaux préparaient leurs abris et ramassaient des provisions pour l'hiver.

Assise sur une grosse roche au bord de l'étang, je lançais des cailloux dans l'eau. Depuis ma pluie de

mûres, je me sentais un peu déprimée. Quel gâchis j'avais fait ce jour-là! J'avais brisé le balai de ma mère, réduit en miettes mon calepin et informé tout le village de la présence d'une sorcière dans la forêt.

Au retour de mon expédition, j'avais pris de bonnes résolutions. D'abord, j'essaierais encore une fois d'apprendre par cœur mes formules magiques. Puis je m'en servirais pour me venger des villageois. Non seulement ils m'avaient fait peur en courant après moi, mais de plus ils avaient tendu des pièges à l'orée de la forêt pour m'attraper.

J'étais terriblement déçue de ne pouvoir retenir mes incantations. C'était sûrement héréditaire : j'avais dû hériter de la mauvaise mémoire de ma grand-mère, la fée Jouvence.

Elle passait son temps à changer des citrouilles en carrosses, des chiens en laquais, des souris en chevaux et des guenilles en robes de bal. Et tout cela, pourquoi? Pour permettre à de pauvres jeunes filles d'aller danser dans les bals. Incroyable, n'est-ce-pas? Elle se servait de ses sortilèges pour accomplir de bonnes actions.

C'était une vraie honte. Heureusement, elle gâchait tout en rompant le sortilège au douzième coup de minuit. Et ça devenait vraiment intéressant quand elle oubliait de prévenir la jeune fille de rentrer avant minuit.

Les chevaux, redevenus souris, effrayaient les belles dames en courant sur le plancher de danse poursuivis par les chiens (les anciens laquais). Et la pauvre fille en guenilles devait rentrer chez elle, sa ci-trouille sous le bras.

Ma grand-mère souffrait souvent de ce genre de perte de mémoire. Elle oubliait en quoi elle devait transformer la citrouille et en faisait des tartes. Tu as déjà vu une tarte tirée par quatre chevaux, avec une jeune fille en robe de bal assise au milieu?

Vraiment, pour une sorcière, ça ne faisait pas très sérieux. Surtout si elle avait aussi oublié de transformer les chiens qui couraient alors en jappant après la tarte...

Un jour, ayant réussi toutes ses transformations sans rien oublier, elle décida d'accompagner la jeune fille au bal (histoire de se rappeler c'est quoi un bal). Un peu avant minuit, se sentant fatiguée, elle s'installa dans le carrosse pour se reposer un peu. Et elle oublia ce qui devait arriver au douzième coup de minuit. Elle périt étouffée dans sa citrouille. Quelle fin horrible pour une fée qui avait toujours détesté la compote à la citrouille !

À cause de sa mauvaise mémoire, cette sorcière n'avait jamais rien accompli de vraiment grand, ni de vraiment méchant. Elle avait dû se contenter de quelques bonnes actions sans importance.

Mais je n'avais pas du tout l'intention de faire comme elle. Je ne rêvais qu'à faire le mal. Je dirais même que ce mal, je voulais le faire bien. Mais j'avais un tel désir de bien faire que je m'y prenais maladroitement.

Au fond, mon seul vœu était de ne pas ressembler à Jouvence. Après tout, quand on s'appelle

Maléfice, on n'est pas prédestinée à rendre service aux gens. Je devais me montrer digne de mon nom.

Pendant que je discutais avec mon dragon, un petit groupe de grenouilles s'étaient réunies pour coasser au bord de l'eau. La plus grosse d'entre elles lançait son cri, aussitôt repris en chœur par ses compagnes. Tout d'abord, ce bruit ne me dérangeait pas, mais au bout de quelques minutes, j'en eus assez de cette cacophonie.

Très poliment, je leur demandai :

— Voulez-vous arrêter de répéter comme des perroquets ? Ça me tape sur les nerfs !

Évidemment, elles répondirent par des coassements.

— Je vais me mettre en colère!
m'écriai-je. Je vais vous changer en
véritables perroquets si vous n'êtes
pas plus raisonnables.

Elles continuèrent à coasser. Je
me levai d'un bond et courus vers
ma cabane y chercher la formule
pour transformer les grenouilles en
perroquets. Quand je revins près de
l'étang, elles avaient disparu au
fond de l'eau.

Bien décidée à attendre qu'elles
remontent à la surface pour régler
leur cas, je m'installai confortable-
ment sur un lit de feuilles mortes.
J'expliquai à Crapaud:

— Un perroquet, c'est un bel
oiseau aux plumes de couleurs vives,
capable de parler et de répéter tout
ce qu'il entend grâce à sa fidèle mémoire.

C'est à ce moment précis que se produisit l'événement historique d'une importance capitale. Une petite lueur jaillit dans mon cerveau et j'eus comme une révélation. Voilà ce dont j'avais besoin! Pour pouvoir réussir dans mon métier de sorcière, il me fallait une mémoire. N'importe quelle mémoire faisait l'affaire. Alors pourquoi ne pas utiliser celle d'un perroquet?

Il fallait que je trouve un perroquet. Je ramassai Crapaud par la queue et partis aussitôt à la recherche d'un spécimen. La forêt était très grande et elle contenait un nombre impressionnant d'animaux de toutes sortes. Malheureusement, il n'y avait aucun perroquet parmi eux car ces oiseaux vivent sous les climats tropicaux.

Qu'à cela ne tienne! Si je ne pouvais pas trouver de perroquet, j'allais en créer un. Il me suffisait de transformer n'importe quoi en perroquet. Je songeai d'abord aux grenouilles. Il y en avait plusieurs au bord de l'étang. Mais à bien y penser, c'était un mauvais choix.

En effet, au début, quand je voulais les changer en perroquet, c'était pour les punir. Maintenant, cela aurait l'air d'une récompense. De plus, j'avais besoin de quelqu'un de vraiment fiable. Il fallait que j'aie une confiance absolue dans ma mémoire.

Il n'y avait alors qu'un seul animal apte à accueillir ma mémoire: Crapaud, mon fidèle dragon. Qui d'autre que lui pouvait se montrer digne de ma confiance? Crapaud était toujours là pour me consoler dans les moments tristes. Il était toujours prêt à me réconforter quand j'avais peur. Je décidai donc que Crapaud se porterait volontaire pour ce travail.

Sans lui laisser le temps de réagir, je récitai la formule magique. Aussitôt le changement s'opéra. Sa queue se rétrécit. Sa gueule se transforma en bec. Ses oreilles disparurent. Ses pattes de devant devinrent des ailes. Ses pattes de derrière se changèrent en serres. Des plumes multicolores lui poussèrent partout sur le corps.

De son aspect de dragon, il ne conserva que ses yeux au regard stupide et une grande langue pendante. En le regardant avec attention, je le trouvai beaucoup plus beau en perroquet qu'en dragon. Très heureuse de ma réussite, je le serrai dans mes bras. À ce moment, je réalisai qu'il était vivant. Avec son bec dur, il me picotait la tête et tirait sur mes cheveux.

Il me fit très mal et me rappela que son entraînement ne faisait que commencer. Il fallait que je dompte Crapaud. Je lui appris d'abord à venir se percher sur mon épaule. Pour lui faire passer la détestable manie de me tirer les cheveux, je les enduisis d'un mélange spécial : huile de foie de morue, vinaigre de cidre, poivre de Cayenne et piment rouge.

Il détestait tellement cette odeur qu'il avait de la réticence à rester sur mon épaule. À vrai dire, cette senteur faisait fuir aussi la plupart des animaux de la forêt... Moi, je trouvais ce parfum un peu corsé, mais pas désagréable !

Il fallut près de trois mois à mon perroquet pour apprendre toutes les formules magiques. Il trouvait cela très amusant. Il répétait inlassablement les mêmes formules pendant des heures et des heures... C'était un élève très doué. La vie devenait plus facile. Je n'avais qu'à demander une formule et Crapaud la récitait aussitôt.

De plus, il n'était pas très exigeant. Il se contentait d'une poignée de graines de tournesol, de quelques vieux biscuits secs et de petits fruits bien mûrs. Malheureusement, rien n'est parfait dans ce monde. Crapaud était affecté de deux petits défauts.

Il avait conservé sa langue de dragon. Comme elle était beaucoup trop grande pour son bec de perroquet, elle pendait hors de sa bouche. Cela le faisait zézayer; rien de grave, mais il fallait simplement que je sois plus attentive à ses paroles. Malgré son zézaiement, je comprenais toujours ce qu'il me disait, enfin presque toujours.

Son deuxième défaut me causait un peu plus d'ennuis. Quand il était sous le coup d'une vive émotion, sa langue de dragon lançait du feu...

Je me rendis compte de ce défaut le jour où je renversai le contenu de ma marmite sur le sol. Très en colère, je lançai ma louche contre le mur à quelques centimètres de la tête de Crapaud. Pris de peur, mon pauvre petit ami ouvrit grand son bec et enflamma de son souffle tous les vêtements accrochés à la patère.

Devant l'urgence de la situation, ma colère fondit comme neige au soleil. Crapaud se sauva par la fenêtre ouverte, me laissant seule pour éteindre le feu et réparer les dégâts. Quand il rentra à la cabane, j'étais revenue de ma surprise et lui de ses émotions. Je tentai de le rassurer en lui disant que ce n'était pas si grave, qu'il parviendrait bien à vivre avec ce petit inconvénient.

Ce que j'appelais un inconvénient ressemblait plutôt à un avantage pour mon dragon. Son point de vue était fort différent du mien. Si je ne voulais pas être transformée en torche vivante, je devais me montrer très gentille et très patiente avec lui. De son côté, Crapaud y voyait un atout important. Il pouvait maintenant me menacer, et il entendait bien en profiter. Pour m'impressionner, il tenta encore une fois d'enflammer quelque chose.

Il ouvrit son bec et cracha un peu de fumée en toussant. Surpris, il essaya de nouveau. Rien ne se passa. Il se mit à pleurer à chaudes larmes. Il n'avait pas compris que son lance-flammes ne fonctionnait que lorsqu'il était fâché ou qu'il avait peur. Son pouvoir était limité. Cela me soulagea un peu. J'avais encore un certain contrôle sur lui.

CHAPITRE 10

Vengeance

N'ayant plus le balai de ma mère, il me fallait trouver un autre moyen de transport. Je pensai d'abord au tapis magique. C'était une manière agréable et confortable de voyager. Je me voyais déjà étendue sur un tapis moelleux, poussée par un vent doux et chaud. Mais je laissai tomber cette idée, car à l'atterrissage je devrais rouler le tapis et le traîner sous mon bras durant mon expédition.

Si un balai contre un mur passe facilement inaperçu, il n'en va pas de même pour un tapis qui traîne au milieu du chemin. Je risquerais aussi de me le faire voler par des personnes peu scrupuleuses. De nos jours, le monde est rempli de toutes sortes de gens. On ne peut plus se fier à personne.

Les balais étaient trop fragiles et les tapis étaient trop voyants. Il me faudrait voyager autrement. Je pouvais me transformer en oiseau, mais à cause de ma maladresse, je n'étais pas certaine de reprendre ma forme première. Je ne désirais pas vivre en oiseau le reste de mes jours.

Je devais penser à un objet que les gens trouveraient naturel de voir sur le bord d'une rue ou a côté d'une maison. Un objet qui n'attirerait pas leur attention ni leur convoitise. Un objet inoffensif que personne ne remarquerait. En faisant mon ménage, je trouvai l'objet idéal.

En voulant jeter des traîneries, je tombai sur une vieille poubelle. Une poubelle passe toujours inaperçue. Personne ne la remarque. On la remarque tellement peu, qu'on jette souvent ses papiers par terre. C'était décidé, j'allais voyager en poubelle magique volante.

Armée de Crapaud, mon perroquet-mémoire-lance-flammes et installée dans ma poubelle-magique-volante, j'étais enfin prête à aller assouvir ma vengeance.

Toute la journée, les nuages s'étaient accumulés dans le ciel. L'air était lourd, chaud et humide. Les animaux de la forêt, sentant l'orage, se terraient dans leur abri. Cette nuit noire et hostile me semblait un excellent présage à la réussite de mon entreprise.

Je montai à bord de ma poubelle, Crapaud sur mon épaule. Lentement, la poubelle s'éleva au-dessus des arbres, puis s'élança en direction du village. Pour être bien franche avec toi, voyager ainsi n'a rien de très confortable. Je me faisais ballotter en tous sens. Je devais améliorer mon moyen de transport. En installant des poignées à l'intérieur de la poubelle, je pourrais m'y agripper durant mes voyages.

Nous sommes tout de même parvenus sans trop de difficultés au centre du village. L'atterrissage se fit au milieu d'un horrible tintamarre de métal : attirée par ses consœurs, ma poubelle avait décidé de se poser au milieu d'un groupe de poubelles.

J'attendis quelques minutes avant de sortir de mon véhicule. J'avais peur que le vacarme n'ait réveillé quelqu'un.

Mais tout demeurait calme et silencieux. Les gens devaient croire qu'il s'agissait d'un chat fouillant dans les poubelles. Prudemment, je

mis mon plan à exécution. Je pris dans ma poche un petit sachet contenant une poudre spéciale. Je lançai une pincée de cette poudre sur la porte de chacune des maisons.

Avec ma baguette magique, je traçai par terre un immense cercle entourant tout le village. Je m'aspergeai complètement d'une lotion magique contenue dans un petit flacon. Puis, à l'extérieur du village, je me mis à danser en rond en récitant les incantations magiques que Crapaud me soufflait.

Du marmiton à la marmelade,
marmouset métamorphose
en marmite !

Toutes les maisons se changèrent en marmites.

Feu, feu, joli feu
chante et danse pour eux !

Le cercle tracé dans la terre devint un cercle de feu.

Flamme, flamme,
tu me lèches et tu me rafraîchis!

Je pouvais sauter dans le feu sans me brûler.

Pour punir les habitants du village et pour m'amuser un peu, j'avais décidé de préparer un ragoût de sorcière à ma façon.

J'allais faire cuire les villageois dans leurs maisons devenues marmites. Tout excitée, je courais d'une marmite à une autre, soufflant sur le feu pour l'attiser. Je n'avais pas à me préoccuper des flammes, car, grâce à ma lotion magique, elles ne pouvaient pas me brûler.

Tout cela m'amusait beaucoup. Je riais et je sautais de joie. Mais au bout d'un certain temps, je me dis que quelque chose clochait dans tout cela. En effet, je n'entendais personne hurler de douleur ou appeler au secours. C'était bizarre!

À ce moment-là, j'aperçus les villageois groupés près du ruisseau. En réalité, il n'y avait personne dans les maisons à mon arrivée. Depuis ma première visite, tous passaient les nuits cachés au bord du ruisseau. De plus, ils étaient armés d'une gigantesque pompe à incendie. C'est à croire qu'ils avaient deviné mes intentions. Est-ce que je manquais d'originalité, par hasard?

Je n'avais pas le choix. Poursuivie par leur jet d'eau, il fallait que je me sauve.

Pendant que la moitié des villageois éteignait le feu, l'autre moitié me pourchassait parmi les marmites géantes, les flammes brûlantes et la fumée opaque. Épouvanté par les cris de nos poursuivants, mon pauvre Crapaud volait en tous sens. Il poussait d'horribles coassements et lançait des flammes un peu partout.

Je lui demandai à toute vitesse la formule pour transformer tous ces gens en barbottes. Entre deux jets de flammes, il me zézaya :

— *Poizon, zer poizon, zouzou des ruizeaux, je l'ezize.*

Sans prendre le temps de réfléchir, je répétai :

— *Poison, cher poison, joujou des ruicheaux, je l'essiche.*

J'avais mal traduit les zézaiements de mon perroquet. Il ne se passa absolument rien. Les villageois continuèrent à me poursuivre. J'essayai de nouveau :

— *Poisson, jer poisson, chouchou des ruijeaux, che l'echixe.*

Je répétai cinq fois la formule, mais à chaque essai la phrase perdait de plus en plus de ressemblance avec l'original. Et je n'avais toujours aucun résultat positif. Heureusement, au détour d'une rue, je retrouvai ma poubelle.

Elle était là où je l'avais laissée, au milieu des autres poubelles. Sans perdre un instant, je sautai à l'intérieur et lui donnai l'ordre de s'envoler. À ma grande surprise, je ne bougeai pas d'un poil. De plus, je me trouvais enfoncée jusqu'à la taille dans un tas d'immondices et d'ordures de toutes sortes : pelures de patates, peaux de bananes, trognons de pommes, gras et os de viandes, vieux chiffons, etc.

En levant la tête, je pus voir une poubelle suivie d'un perroquet volant dans le ciel. Il était évident que je m'étais trompée de poubelle. Que veux-tu, toutes les poubelles se ressemblent!

Mais déjà mes poursuivants arrivaient. Retenant mon souffle, je m'enfouis sous le tas d'ordures. Peut-être allaient-ils passer sans me voir? Malheureusement, je me trouvais dans un cul-de-sac. Personne ne pouvait aller plus loin. Ils se mirent à fouiller partout, dans les moindres coins et recoins.

Ils me découvrirent coincée entre une pelure d'orange et une tranche de pain moisi, un vieux pot de yogourt me dégoulinant sur la tête.

CHAPITRE 11

Prise au piège

Qu'aurais-tu dit à ma place? Je n'avais pas grand choix. Il fallait bien que je m'explique.

— Coucou! C'est moi! Non, ce n'est pas moi. En réalité, c'est une vision que vous avez. Vous êtes en train de vivre un grand rêve collectif. Fermez les yeux et, dans un instant, je ne serai plus là. Ma tante Maléfice vous a joué un bon tour, hein? On s'est bien amusés. Maintenant, tout le monde retourne se coucher. Au revoir, les petits copains.

Ces gens n'avaient vraiment aucun sens de l'humour. Ils se jetèrent sur moi comme de vrais sauvages. Ils me tirèrent par les cheveux, me tordirent les bras, me donnèrent des coups de pied dans les jambes et me traînèrent au milieu du village.

Tous ces gens hurlaient, se bousculaient et essayaient de me frapper. Quand ils furent réunis, celui qui semblait être le chef du village demanda le silence. Puis il leur annonça que, selon les lois du pays, il fallait me faire un procès. Ouf! j'aurais un peu de temps pour trouver un moyen de me sortir de ce mauvais pas.

Ils m'attachèrent à un poteau pour discuter entre eux. Ils parlaient de mes mauvais tours. L'un d'eux voulait s'assurer que c'était bien moi qui les avais attaqués la première fois. Comme j'étais trop sale pour qu'il puisse me reconnaître, il me lança un seau d'eau au visage.

Cela ne servit pas à grand-chose car, quand il m'avait vue la première fois, j'étais couverte de mûres. Mais il n'en fallait pas plus pour jeter le doute dans l'esprit de ces gens.

— Est-ce vraiment une sorcière? demanda l'un d'eux.

— Mettons-la à l'épreuve! lança un autre.

— Transforme les marmites en maisons! m'ordonna leur chef.

— Cela m'est absolument impossible, leur répondis-je poliment. J'ignore la formule à employer.

Je ne leur dis pas que, même si je l'avais sue, j'aurais refusé. Le village avait l'air tellement plus drôle avec des marmites à la place des maisons.

Ils se mirent en colère devant mon refus. Tous en chœur, ils hurlaient :

— Au bûcher, la sorcière ! Au feu, la sorcière !

Ils entassèrent autour de mes pieds tous les bouts de bois qu'ils trouvèrent. Puis le chef s'avança vers moi, en tenant une torche à la main. Il me dit que si je voulais sauver ma vie, je devais retransformer les marmites en maisons.

J'allais lui répondre que cela m'était impossible quand, en levant la tête vers le ciel, j'aperçus Crapaud. Rentré à la cabane, il s'était rendu compte que la poubelle était vide. Alors, il était revenu sur ses pas pour me retrouver.

Je lui criai de me donner la bonne formule. Les villageois, en l'entendant prononcer l'incantation magique, crurent que c'était lui la sorcière. Pendant que je récitais la formule, ils ramassèrent des cailloux et les lancèrent à Crapaud.

Ils le ratèrent de peu, mais lui, pris de peur, se mit à cracher du feu partout.

Les marmites, redevenues maisons, commencèrent à flamber. Moi, sur mon bûcher, je me tordais de rire. Les villageois s'enfuyaient épouvantés par ces jets de feu. Ils couraient vers le ruisseau pour s'y cacher. Moi, je riais. J'entendais le bois des maisons crépiter sous l'action du feu.

Tout, autour de moi, était la proie des flammes. Et je riais, je riais. Jusqu'au moment où, par inadvertance, Crapaud lança une flamme juste à mes pieds. Le bûcher s'enflamma aussitôt. Au début, cela ne m'inquiéta pas trop. J'étais certaine d'être bien protégée par ma lotion magique. Mais j'oubliais qu'on m'avait lancé de l'eau et que la lotion disparaissait dans l'eau. Je n'étais plus protégée.

Quand je m'en rendis compte, j'étais tout en sueur. Je criai à Crapaud de me sortir de là en vitesse. Mais il ne m'entendait pas et de plus il était beaucoup trop énervé pour arrêter de cracher du feu.

C'en était fait de moi. À peine commencée, ma carrière de sorcière allait-elle prendre fin aussi subitement?

CHAPITRE 12

Triste fin

Allongée sur le dos dans un champ de blé, un brin d'herbe entre les dents, je regarde passer les nuages en rêvassant. Je songe à mes souvenirs d'enfance et de jeunesse. Je t'ai fait peur, hein? Tu croyais que j'étais morte... Moi aussi j'ai eu la frousse cette nuit-là.

Mais finalement, je m'en suis bien sortie. Quand je croyais tout perdu, l'orage a éclaté. Un véritable déluge... L'incendie fut rapidement maîtrisé et mon bûcher éteint. Crapaud reçut une douche qui eut l'effet de le calmer. Il réalisa aussitôt dans quel pétrin je me trouvais.

À grands coups de bec, il coupa mes liens. Nous nous sauvâmes vers les bois, avant que les villageois ne sortent de leur cachette. Je mis plusieurs semaines à me remettre de mes émotions. Le calme revenu dans mon esprit, je me mis à réfléchir au moyen d'améliorer mon rendement.

Je perfectionnai ma poubelle en installant des poignées à l'intérieur et un phare à l'avant pour la conduite de nuit. De plus, je l'avertis qu'elle ne devait s'envoler qu'après mon signal : trois coups frappés sur le fond.

J'entrepris aussi de numéroter toutes les formules magiques. Je

n'aurais qu'à dire un numéro à Crapaud pour qu'il me dise la bonne incantation. Cette méthode avait deux avantages. Première-ment, j'étais certaine que mon per-roquet ne donnerait de formule à personne d'autre qu'à moi. Deuxiè-mement, ce système me permit d'apprendre peu à peu mes formu-les. Aussi étrange que cela puisse paraître, en associant chaque formule à un numéro différent, j'ar-rivais à les retenir.

C'est ainsi que je devins une véritable sorcière. J'avais tout juste 20 ans. Je savais par cœur tout ce qu'une sorcière digne de ce nom doit savoir. J'utilisais un moyen de transport original, mais très effica-ce. J'avais près de moi le compa-gnon idéal: un dragon devenu perroquet.

Vraiment, je pouvais être fière de moi. J'avais enfin réussi! Je fis carrière dans la sorcellerie. Ce fut une longue et belle carrière. Je passais mon temps à jouer des mauvais tours à tout le monde, et à semer la terreur autour de moi.

Le train-train habituel, la routine, quoi! Au début, cela m'amusait beaucoup. Mais après un certain temps, je trouvais mon métier un peu moins excitant. Si je ne voulais pas m'ennuyer, il fallait que j'innove, que j'invente de nouveaux tours, de nouvelles formules.

Avec tout cela, les années passaient et je vieillissais. J'ai maintenant tout près de 92 ans. Pour une sorcière, c'est encore tout jeune. Je n'ai perdu qu'une seule dent (en me frappant à un arbre alors que je me sauvais de trois voyous qui voulaient me brûler vive). Je n'ai que quelques petites rides autour des yeux. Je peux toujours courir, sauter, grimper aux arbres comme avant.

Je me porte très bien. Hélas, ce n'est pas le cas de mon fidèle ami, Crapaud! Il était devenu très vieux. Il avait perdu une bonne partie de ses plumes. Il volait bas de peur de tomber. De plus, sa mémoire devenait chancelante.

Un jour que je lui demandais la formule pour faire disparaître les corneilles, il me donna la formule pour faire disparaître les perroquets. Je la récitai sans réfléchir et pouf! Crapaud disparut!

À sa place, il ne restait plus qu'une langue: une langue de dragon. Sa langue n'étant pas celle d'un perroquet, il était normal qu'elle ne disparût pas. En souvenir de Crapaud, je la fis empailler et je la conserve toujours avec moi, dans ma poche, comme porte-bonheur. Si pour la plupart des gens, les pattes de lapins sont de bons porte-bonheur, pour les sorcières, il n'en va pas de même.

Nous préférons les queues de vipères, la bave de crapaud, les pattes d'araignées et, naturellement, les langues de dragons. Mais tout de même, quelle triste fin pour mon gentil petit Crapaud! Je m'ennuierai toujours de mon indomptable crache-feu.

J'ai un cœur moi aussi, tu sais. J'ai beaucoup pleuré quand mon petit ami s'est évaporé. Mais les gens ordinaires ne savent pas que nous aussi nous avons des sentiments. L'indifférence de tout le monde face à mon chagrin me blesse beaucoup. Je pense qu'il faut que chacun sache ce qu'est une vraie sorcière !

C'est pourquoi j'ai décidé d'écrire ce livre. Maintenant que tu l'as lu, tu me comprends...

Je ne suis pas si méchante, au fond. Tout ce que je veux, c'est m'amuser un peu : jouer des tours, exécuter des transformations, cacher des objets. Je ne fais jamais rien de très grave...

Ça me fait penser, il faut que je te quitte, j'ai un petit travail à réaliser. Rien de très important. Je vais transformer un troupeau de moutons en une bande de loups pour qu'ils dévorent les bergers. Ce sera très amusant à regarder. Salut !

Oh ! il faut que je te dise : si jamais, la nuit, tu vois passer un objet volant non identifié, regarde bien! C'est peut-être une poubelle volante munie d'un phare. Tu n'auras qu'à me faire un petit signe de la main et j'arrêterai te dire bonjour. Hi! Hi! Hi!

Table des matières

Mot de l'auteure

Susanne Julien

Les sorcières, je les adore! Je me prends même pour l'une d'elles. Le jour, je me transforme en fée des lettres pour écrire mes romans. Tandis que le soir, je deviens la sorcière aux becs pour embrasser mes enfants. Il n'est pas étonnant, dans ce cas, que *Les mémoires d'une sorcière*, mon tout premier livre, raconte la vie d'une célèbre sorcière : Maléfice!

Mot de l'illustratrice

Hélène Desputeaux

Qui n'a pas rêvé de faire de la magie ? Qui n'a pas, un jour, pensé à changer un copain en crapaud ?

Le dessin le permet. Ainsi, ces rêves fous peuvent prendre vie et faire rigoler. En illustrant l'histoire de la petite sorcière, j'ai pensé à toutes ces bêtises et ces folies que chaque enfant et même chacun de nous a un jour rêvé de faire...

Mais où est donc Hélène Desputeaux ? Oh ! sûrement très occupée à dessiner dans les hauteurs de son grenier au milieu de tous ses livres. Et comme ça, tranquillement, Hélène a réussi à illustrer quelque 50 albums pour divertir les enfants d'un bout à l'autre de la Terre...

Dans la même collection

Desautels, D. Danièle
Annabelle, où es-tu ?
Mougalouk de nulle part

Desrosiers, Danièle
Le pilote fou
Au secours de Mougalouk

Foucher, Jacques
Le zoo hanté

Högue, Sylvie et Internoscia, Gisèle
Les mésaventures d'un magicien

Julien, Susanne
Les mémoires d'une sorcière
Le pion magique
J'ai peur d'avoir peur

Lauzon, Vincent
Le pays à l'envers
Le pays du papier peint
Bong ! Bong ! Bing ! Bing !
Bouh, le fantôme

Major, Henriette
Les mémoires d'une bicyclette
La planète des enfants
Sophie, l'apprentie sorcière
La sorcière et la princesse
Sophie et le monstre aux grands pieds

ACHEVÉ   D'IMPRIMER
EN   SEPTEMBRE   1994
SUR   LES   PRESSES   DE
PAYETTE & SIMMS INC.
À SAINT-LAMBERT (Québec)